Impressum
Verlag: BABADADA GmbH, Nedderfeld 112 , 22529 Hamburg
Geschäftsführer / Verlagsleitung: Harald Hof
Druck: Books on Demand GmbH, In de Tarpen 42, 22848 Norderstedt

Imprint
Publisher: BABADADA GmbH, Nedderfeld 112 , 22529 Hamburg, Germany
Managing Director / Publishing direction: Harald Hof
Print: Books on Demand GmbH, In de Tarpen 42, 22848 Norderstedt, Germany

# de School

## училище

de Klassenstuuv
класна стая

delen
деление

186/2

de Tafel
черна дъска

de Schoolhoff
училищен двор

de Schoolmeester
учител

dat Papeer
хартия

schrieven
пиша

de Sticken
химикал

de Schrievdisch
бюро

dat Lienholt
линеал

dat Book
книга

de Schöler
ученик

de Ranzel

ученическа раница

de Feddermapp

ученически несесер

de Bleesticken

молив

de Scharpmaker

острилка за моливи

dat Radeergummi

гума

de Tekenblock

блок за рисуване

**de Teken**

рисунка

**de Pinsel**

четка

**de Malkassen**

акварелни бои

**de Scheer**

ножица

**de Klever**

лепило

**dat Heft to'n Öven**

тетрадка за упражнения

**de Huusopgaav**

домашна работа

**de Tall**

число

**tohooptellen**

събиране

**aftrecken**

изваждане

**malnehmen**

умножение

**reken**

смятане

**de Bookstaav**

буква

**dat ABC**

азбука

**dat Woort**

дума

**de Text**

текст

**lesen**

чета

**de Kried**

тебешир

**de Stunn**

час

**dat Klassenbook**

дневник на класа

**de Pröven**

изпит

**dat Tüügnis**

свидетелство

**de Schooluniform**

ученическа униформа

**de Utbillen**

образование

**dat Nakieksel**

справочник

**de Universität**

университет

**dat Mikroskop**

микроскоп

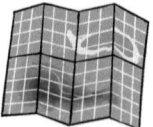

**de Koort**

карта

**de Papeerkorf**

кошче за хартиени
отпадъци

# de Törn
# пътуване

dat Hotel
хотел
Grand
de Harbarg
хостел
ROOMS
de Wesselstuuv
обменно бюро
EXCHANGE
de Kuffer
куфар
dat Auto
кола

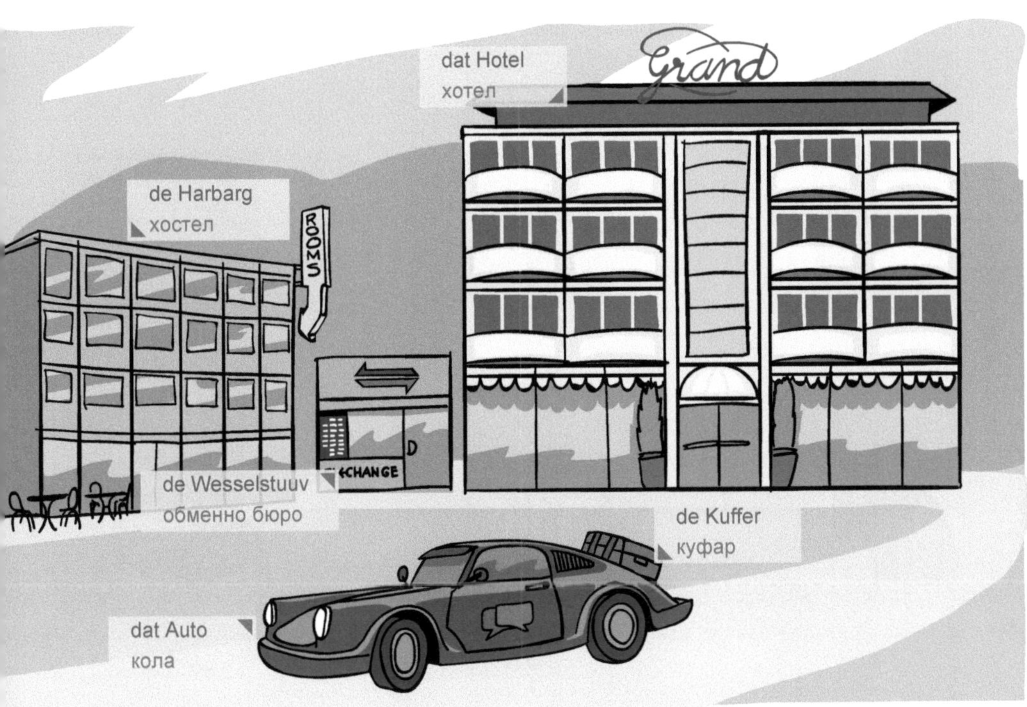

de Spraak

език

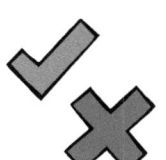

jo / ne

да / не

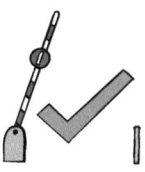

Jo

Окей

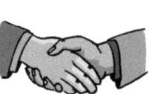

Moin

здравей

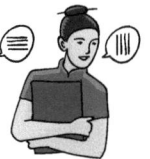

de Översetter

преводач

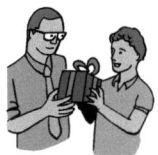

Dank ok

Благодаря

Wat kost...?

Колко струва...?

Ik verstah nich

Не разбирам

dat Problem

проблем

Goden Avend

Добър вечер!

Moin!

Добро утро!

Gode Nacht!

Лека нощ!

Tschüüs

довиждане

de Richt

посока

de Bagaasch

багаж

de Tasch

пътна чанта

de Rüchsack

раница

de Gast

посетител

de Stuuv

стая

de Slaapsack

спален чувал

dat Telt

палатка

e Touristeninformatschoon

туристическа информация

de Strand

плаж

de Kreditkoort

кредитна карта

dat Fröhstück

закуска

dat Meddageten

обед

dat Avendeten

вечеря

de Fohrkort

билет

de Fohrstohl

асансьор

de Breefmark

пощенска марка

de Grenz

граница

de Toll

митница

de Bottschop

посолство

dat Visum

виза

de Pass

паспорт

# de Transport

## транспорт

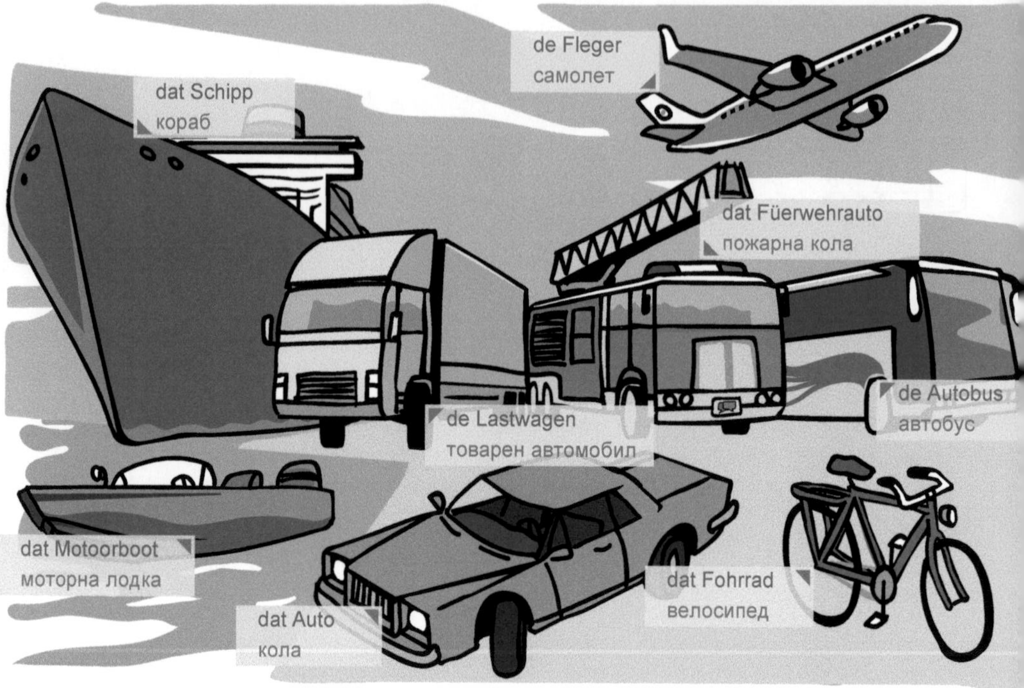
de Fleger
самолет
dat Schipp
кораб
dat Füerwehrauto
пожарна кола
de Autobus
автобус
de Lastwagen
товарен автомобил
dat Motoorboot
моторна лодка
dat Fohrrad
велосипед
dat Auto
кола

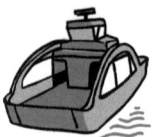

de Fähr

ферибот

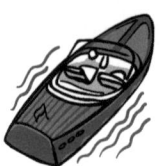

dat Boot

лодка

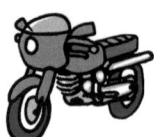

dat Motoorrad

мотоциклет

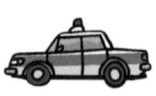

dat Polizeiauto

полицейска кола

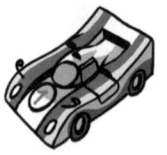

dat Rönnauto

състезателна кола

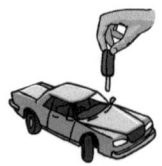

de Lehnwagen

кола под наем

dat Carsharing

каршеринг

de Afsleepwagen

автомобил от "Пътна помощ"

dat Müllauto

сметовоз

de Motoor

двигател

de Kraftstoff

бензин

de Tanksteed

бензиностанция

dat Verkehrsschild

пътен знак

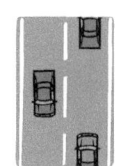

de Verkehr

улично движение

de Stau

задръстване

de Afstellplatz

паркинг

de Bahnhoff

гара

de Sporen

релси

de Tog

влак

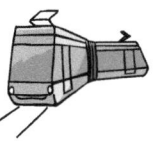

de Stratenbahn

трамвай

de Wagon

вагон

de Dwarsmöhl

хеликоптер

de Flooghaven

аерогара

de Tower

кула

de Fohrgast

пасажер

de Grootkist

контейнер

de Karton

кашон

de Koor

ръчна количка

de Korf

кошница

starten / lannen

излитам / приземявам се

## de Stadt

## град

dat Dörp

село

de Binnenstadt

градски център

dat Huus

къща

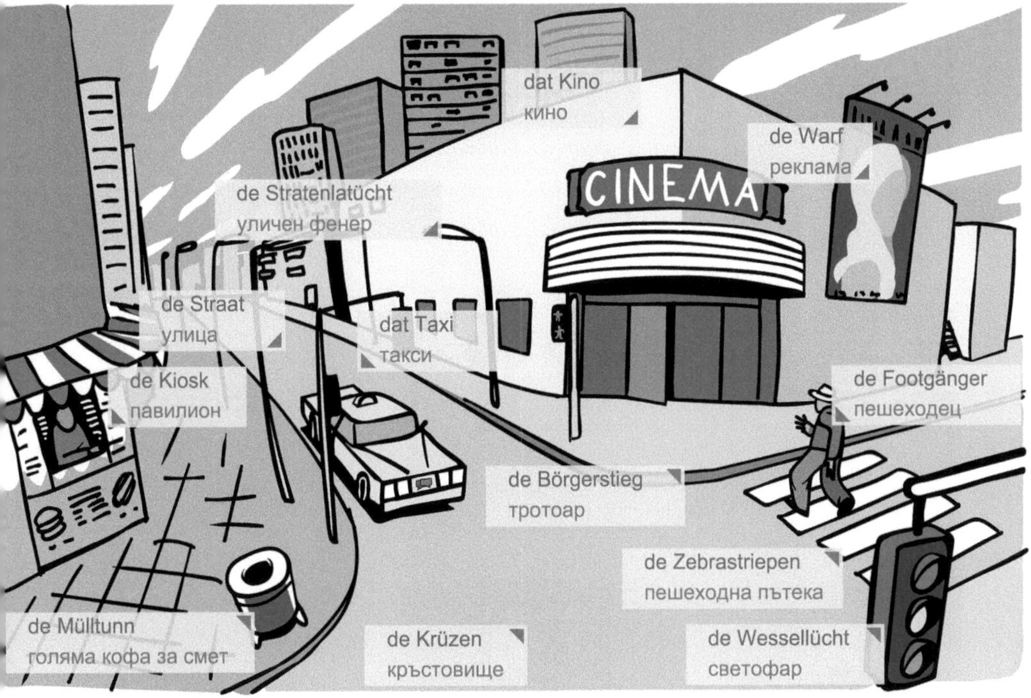

dat Kino
кино

de Warf
реклама

de Stratenlatücht
уличен фенер

CINEMA

de Straat
улица

dat Taxi
такси

de Kiosk
павилион

de Footgänger
пешеходец

de Börgerstieg
тротоар

de Zebrastriepen
пешеходна пътека

de Mülltunn
голяма кофа за смет

de Krüzen
кръстовище

de Wessellücht
светофар

de Hütt
хижа

de Wahnung
жилище

de Bahnhoff
гара

dat Raathuus
кметство

dat Museum
музей

de School
училище

de Stadt - град

11

de Universität

университет

de Bank

банка

dat Krankenhuus

болница

dat Hotel

хотел

de Afteek

аптека

dat Büro

офис

de Bookhökerie

книжарница

de Hökerie

магазин за цветя

de Blomenhökerie

магазин за цветя

de Supermarkt

супермаркет

de Markt

пазар

dat Koophuus

универсален магазин

de Fischhökerie

търговец на риба

dat Inkoopszentrum

търговски център

de Haven

пристанище

de Stadt  -  град

de Parkanlaag

парк

de Bank

пейка

de Brüch

мост

de Trepp

стълба

de Ünnergrundbahn

метро

de Tunnel

тунел

de Busstoppsteed

автобусна спирка

de Bar

бар

dat Spieslokal

ресторант

de Breefkassen

пощенска кутия

dat Stratenschild

улична табелка

de Parkklock

часовник за паркинг
престой

de Deertenpark

зоологическа градина

de Baadanstalt

плувен басейн

de Moschee

джамия

**de Buernhoff**

селски двор

**de Ümweltversmudden**

замърсяване на околната среда

**de Karkhoff**

гробище

**de Kark**

църква

**de Speelplatz**

детска площадка

**de Tempel**

храм

# de Landschop

## пейзаж

dat Blatt
листо

de Wiespahl
пътепоказател

de Weg
път

de Wisch
ливада

de Steen
камък

de Boom
дърво

de Wannerer
пътешественик

de Fluss
река

dat Gras
трева

de Bloom
цвете

dat Daal

долина

de Barg

планина

de See

море

dat Holt

гора

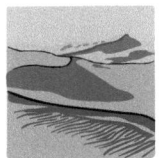

de Wööst

пустиня

de Füerspien Barg

вулкан

dat Slott

замък

de Regenbagen

дъга

de Poggenstohl

гъба

de Palm

палма

de Steekmück

комар

de Fleeg

муха

de Miegeemk

мравка

de Imm

пчела

de Spinn

паяк

**de Sebber**

бръмбар

**de Pogg**

жаба

**de Katteker**

катеричка

**de Swienegel**

таралеж

**de Haas**

заек

**de Uul**

кукумявка

**de Vagel**

птица

**de Swaan**

лебед

**dat Wildswien**

диво прасе

**de Hirsch**

елен

**de Elk**

лос

**de Staudamm**

бент

**dat Windrad**

вятърна турбина

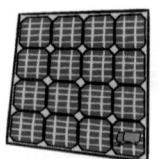

**dat Solarmodul**

соларен модул

**dat Klima**

климат

de Landschop - пейзаж

de Kellner
келнер

de Spieskoort
меню

de Stohl
стол

de Supp
супа

de Pizza
пица

de Dischdeek
покривка за маса

dat Bestick
прибори за хранене

de Vörspies

предястие

dat Haupteten

основно ястие

de Nadisch

десерт

de Drünk

напитки

dat Eten

ядене

de Buddel

бутилка

**dat Fastfood**

бързо хранене

**dat Strateneten**

улична храна

**de Teekann**

кана за чай

**de Zuckerdoos**

кутия за захар

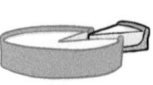

**de Portschoon**

порция

**de Espressomaschien**

еспресо машина

**de Hoochstohl**

висок детски стол

**de Reken**

сметка

**dat Tablett**

табла

**dat Mess**

ножица за нокти

**de Gavel**

вилица

**de Lepel**

лъжица

**de Teelepel**

чаена лъжичка

**dat Munddook**

салфетка

**dat Glas**

стъклена чаша

dat Spieslokal - ресторант

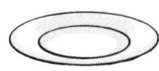

de Töller

чиния

de Suppentöller

чиния за супа

de Ünnertass

чинийка

de Sooß

сос

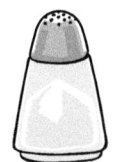

de Soltstreuer

солница

de Pepermöhl

мелничка за черен пипер

de Etig

оцет

dat Ööl

олио

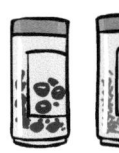

de Krüder

подправки

de Ketchup

кетчуп

de Mostrich

горчица

de Mayonnaise

майонеза

# de Supermarkt

## супермаркет

dat Anbott
оферта
FOR
de Kunn
клиент
de Melkprodukten
млечни продукти
dat Aaft
плодове
de Inkoopswagen
количка за покупки

BUTCHERS

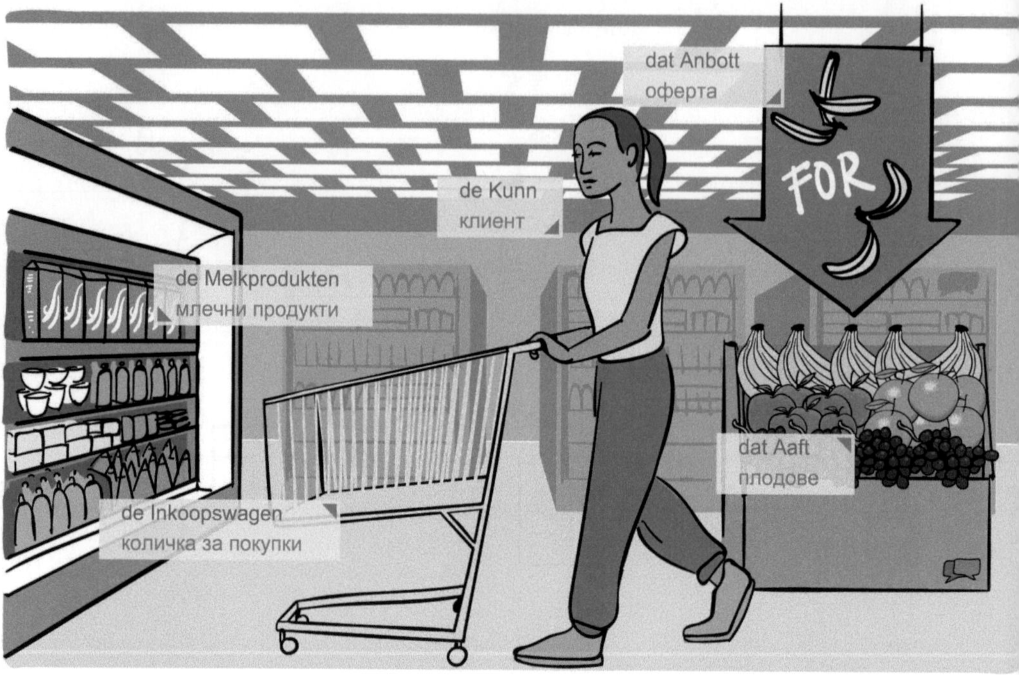

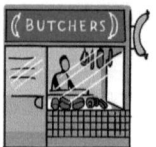

de Slachterie

кланица

BAKERY

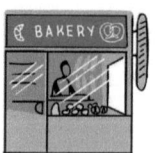

de Bäckerie

хлебарница

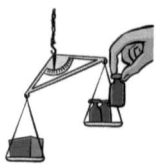

wegen

тегля

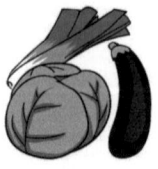

de Gröönsaken

зеленчуци

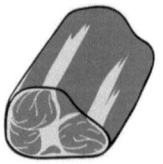

dat Fleesch

месо

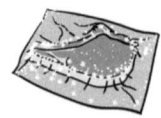

de Deepköhlkost

дълбоко замразена храна

de Opsnitt

нарязан колбас или сирене

de Konserven

консерви

de Waschmiddel

перилен препарат

de Snoopkraam

лакомства

de Huushooltssaken

домакински изделия

de Reinmaaktüüch

почистващи препарати

de Verköpersche

продавачка

de Kass

каса

de Kasserer

касиер

de Inkoopslist

списък на покупките

de Opsparrtieden

работно време

de Breeftasch

портфейл

de Kreditkoort

кредитна карта

de Tasch

чанта

de Plastiktüüt

пластмасова торба

de Supermarkt - супермаркет

**dat Water**

вода

**de Saft**

сок

**de Melk**

мляко

**de Cola**

кола

**de Wien**

вино

**dat Beer**

бира

**de Spriet**

алкохол

**de Kakao**

какао

**de Tee**

чай

**de Koffie**

кафе машина

**de Espresso**

еспресо

**de Cappucino**

капучино

de Banaan

банан

de Appel

ябълка

de Appelsien

портокал

de Meloon

пъпеш

de Zitroon

лимон

de Wöttel

морков

de Knuuvlook

чесън

de Bambus

бамбук

de Zibbel

лук

de Poggenstohl

гъба

de Nööt

ядки

de Nudeln

макарони

de Spaghetti

спагети

de Ries

ориз

de Salat

салата

de Pommes frites

пържени картофи

de Braadkantüffeln

печени картофи

de Pizza

пица

de Hamborger

хамбургер

dat Sandwich

сандвич

dat Snitzel

шницел

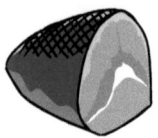

de Schinken

шунка

de Salami

траен колбас

de Wust

салам

dat Hohn

пиле

de Braden

печено

de Fisch

риба

dat Eten - ядене

de Haverflocken

овесени ядки

dat Müsli

мюсли

de Cornflakes

корнфлейкс

dat Mehl

брашно

de Croissant

кроасан

dat Rundstück

хлебчета

dat Broot

хляб

dat Toast

препечена филийка

de Keksen

бисквити

de Botter

масло

de Quark

извара

de Koken

сладкиш

dat Ei

яйце

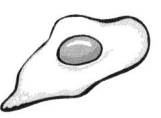

dat Spegelei

яйца на очи

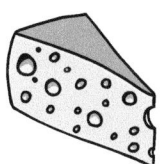

de Kees

сирене

de Ies

сладолед

de Zucker

захар

de Honnig

мед

de Marmelaad

мармалад

de Nougat-Creme

нуга крем

dat Curry

кари

dat Eten - ядене

# de Buernhoff
# селски двор

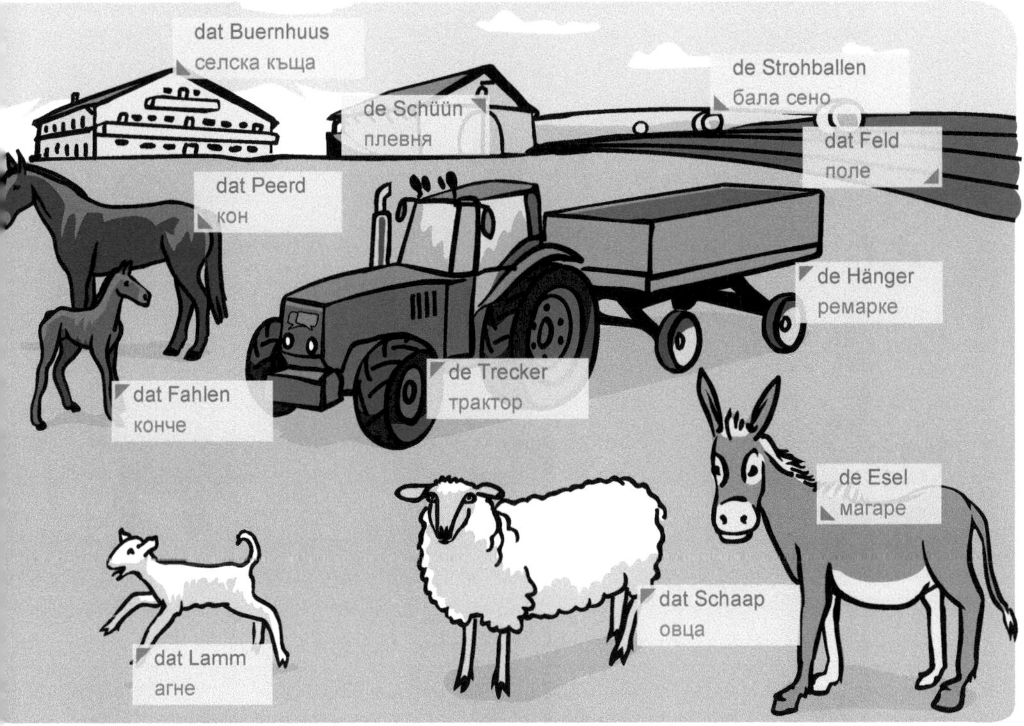

dat Buernhuus
селска къща
de Schüün
плевня
de Strohballen
бала сено
dat Feld
поле
dat Peerd
кон
de Hänger
ремарке
de Trecker
трактор
dat Fahlen
конче
de Esel
магаре
dat Schaap
овца
dat Lamm
агне


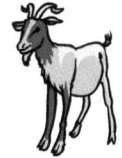

de Zeeg

коза

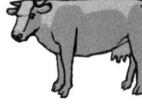

de Koh

крава

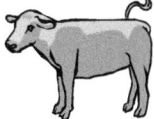

dat Kalf

теле

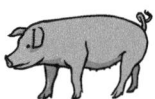

dat Swien

свиня

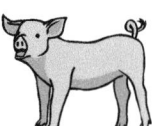

dat Farken

прасенце

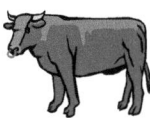

de Bull

бик

**de Goos**

гъска

**de Aant**

патица

**dat Küken**

пиленце

**dat Hohn**

кокошка

**de Hahn**

петел

**de Rott**

плъх

**de Katt**

котка

**de Muus**

мишка

**de Oss**

вол

**de Hund**

куче

**de Hunnenhütt**

кучешка колиба

**de Goornslauch**

градински маркуч

**de Geetkann**

лейка

**de Lee**

коса

**de Ploog**

плуг

28

de Sich

сърп

de Hack

мотика

de Mestfork

вила за тор

de Ext

брадва

de Schuufkoor

ръчна количка

de Trog

корито

de Melkkann

съд за мляко

de Sack

чувал

de Tuun

ограда

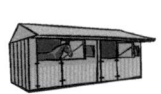

de Stall

обор

dat Drievhuus

парник

de Bodden

земя

de Saat

сеитба

de Dünger

тор

de Meihdöscher

комбайн

oornen

жъна

de Oorn

реколта

de Yamswöttel

ямс

de Weten

жито

dat Soja

соя

de Kantüffel

картоф

de Törksche Weten

царевица

de Rapp

рапица

de Aaftboom

овощно дърво

de Troopsch Kantüffel

маниока

dat Koorn

зърнени храни

# dat Huus

## къща

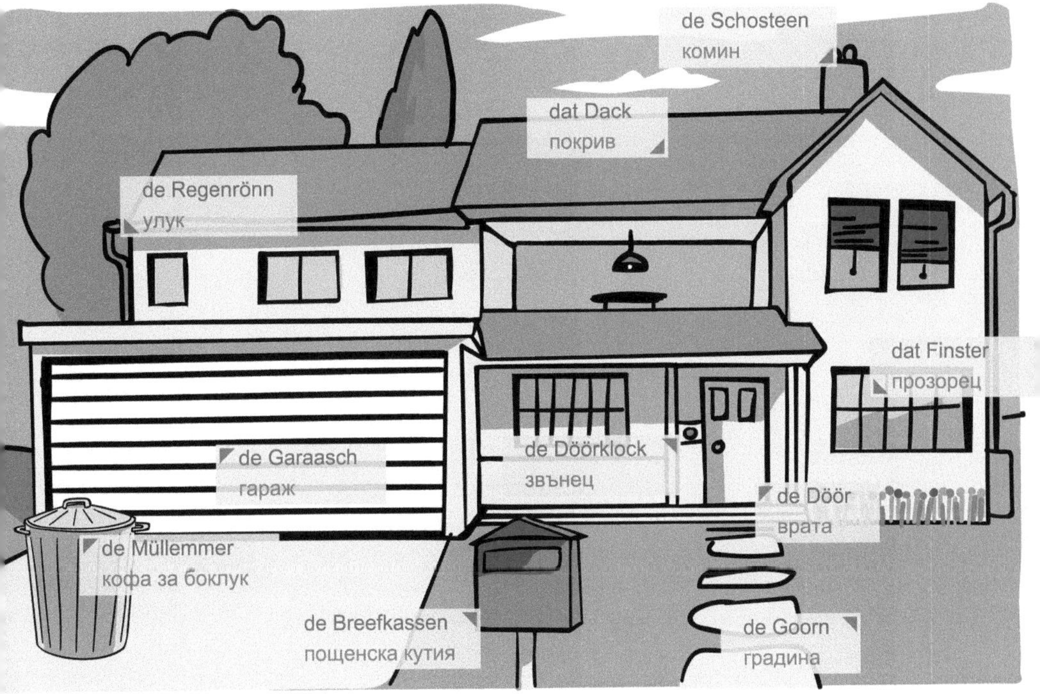
de Schosteen
комин
dat Dack
покрив
de Regenrönn
улук
dat Finster
прозорец
de Garaasch
гараж
de Döörklock
звънец
de Döör
врата
de Müllemmer
кофа за боклук
de Breefkassen
пощенска кутия
de Goorn
градина

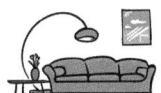

de Wahnstuuv

всекидневна

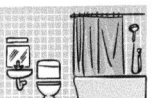

de Baadstuuv

баня

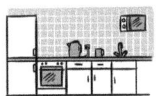

de Kööк

кухня

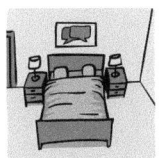

de Slaapstuuv

спалня

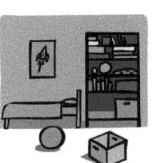

de Kinnerstuuv

детска стая

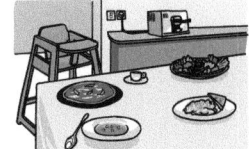

de Eetstuuv

трапезария

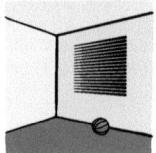

**de Footbodden**

под

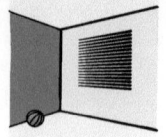

**de Wand**

стена

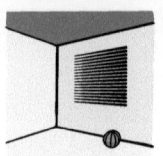

**de Deek**

таван

**de Keller**

изба

**dat Hittluftbad**

сауна

**de Balkon**

балкон

**de Terrass**

тераса

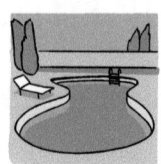

**dat Swümmbad**

плувен басейн

**de Rasenmeiher**

косачка

**de Bettbetog**

спално бельо

**de Bettdeek**

покривка за легло

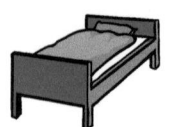

**de Puuch**

легло

**de Bessen**

метла

**de Emmer**

кофа

**de Schalter**

електрически ключ

# de Wahnstuuv

## всекидневна

de Tapeet
тапет
dat Bild
картина
de Lamp
лампа
dat Regal
рафт
dat Schapp
шкаф
de Kiekkassen
телевизор
de Kamin
камина
de Bloom
цвете
dat Küssen
възглавница
dat Sofa
канапе
de Vaas
ваза
de Feernbedenen
дистанционно управление


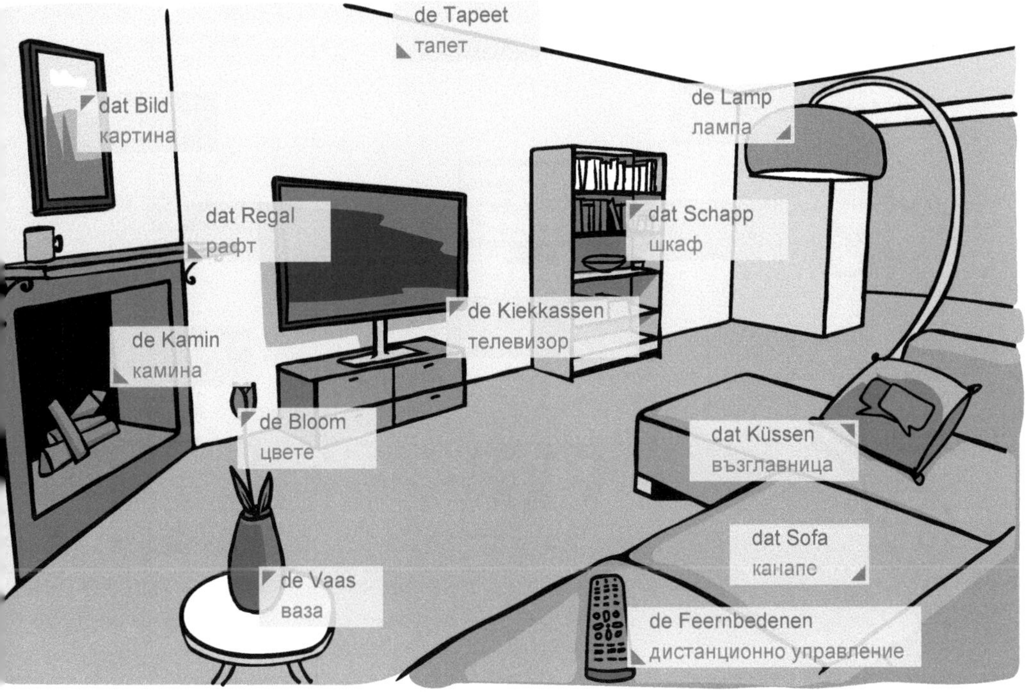

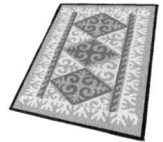

de Teppich

килим

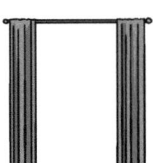

de Vörhang

завеса

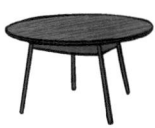

de Disch

маса

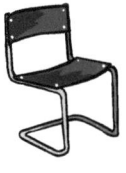

de Stohl

стол

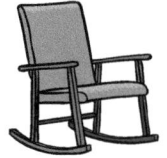

de Schuckelstohl

люлеещ се стол

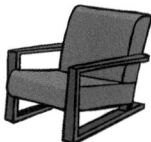

de Sessel

кресло

**dat Book**

книга

**de Deek**

одеяло

**de Dekoratschoon**

декорация

**dat Füerholt**

дърва за отопление

**de Film**

филм

**de Stereoanlaag**

стерео уредба

**de Slötel**

ключ

**dat Narichtenblatt**

вестник

**dat Gemälde**

живопис

**dat Poster**

постер

**dat Radio**

радио

**de Opschrievblock**

бележник

**de Huulbessen**

прахосмукачка

**de Kaktus**

кактус

**de Kars**

свещ

# de Köök
## кухня

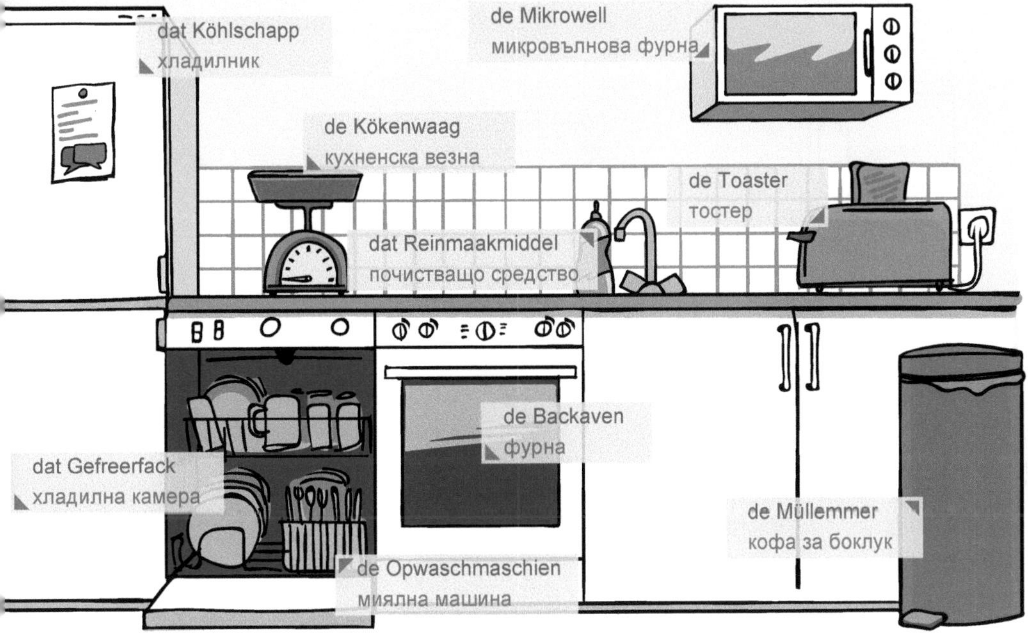
dat Köhlschapp
хладилник
de Mikrowell
микровълнова фурна
de Kökenwaag
кухненска везна
de Toaster
тостер
dat Reinmaakmiddel
почистващо средство
de Backaven
фурна
dat Gefreerfack
хладилна камера
de Müllemmer
кофа за боклук
de Opwaschmaschien
миялна машина

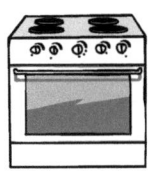

de Heerd

готварска печка

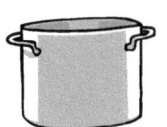

de Pott

тенджера

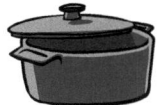

de Gussiesern Putt

желязна тенджера

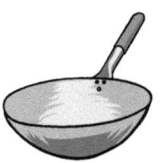

de Wok / Kadai

уок / кадаи

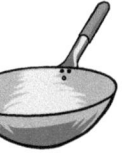

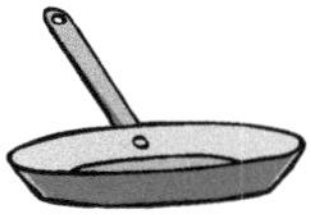

de Pann

тиган

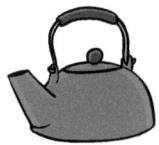

de Waterkaker

кана за затопляне на вода

**de Dampkaakputt**

уред за готвене на пара

**dat Backblick**

тава за печене

**dat Geschirr**

съдове

**de Beker**

чаша

**de Schaal**

купа

**de Eetsticken**

клечки за хранене

**de Suppenkell**

черпак

**de Pannenwenner**

лопатка за тиган

**de Sneebessen**

тел за разбиване (на яйца, белтъци)

**dat Kaakseef**

кошница за варене

**dat Seef**

гевгир

**de Riev**

ренде

**de Mörser**

хаван

**de Grill**

барбекю

**de Füerstell**

огнище

dat Sniedbrett

дъска

dat Nudelholt

точилка

de Proppentrecker

тирбушон

de Doos

кутия

de Dosenaapner

отварачка за консерви

de Pottlappen

кухненска ръкохватка

dat Waschbecken

мивка

de Böst

четка

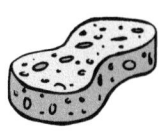

de Swamm

гъба

de Mixer

миксер

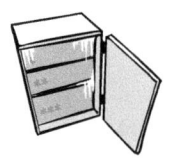

dat Iesschapp

фризер

de Nuckelbuddel

бебешко шише

de Waterhahn

воден кран

# de Baadstuuv

## баня

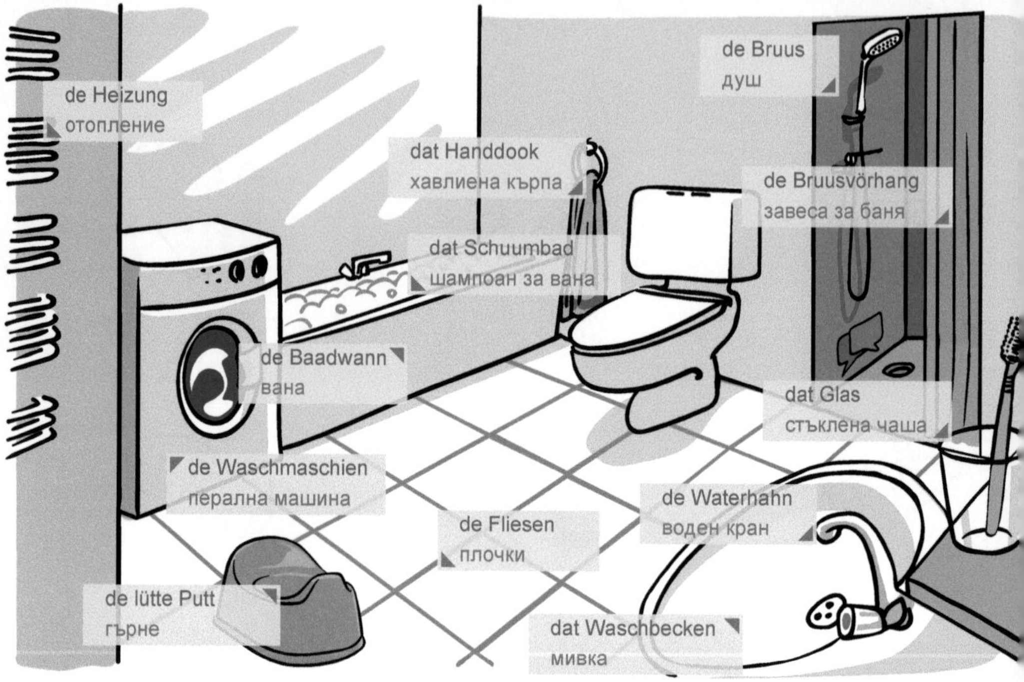

de Heizung
отопление
dat Handdook
хавлиена кърпа
de Bruus
душ
de Bruusvörhang
завеса за баня
dat Schuumbad
шампоан за вана
de Baadwann
вана
dat Glas
стъклена чаша
de Waschmaschien
перална машина
de Waterhahn
воден кран
de Fliesen
плочки
de lütte Putt
гърне
dat Waschbecken
мивка


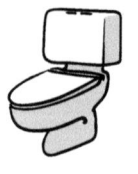

de Tante Meier

тоалетна

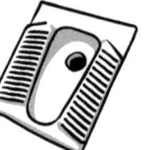

de Hockklo

клекало

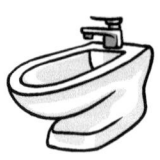

dat Bidet

биде

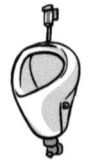

dat Miegbecken

писоар

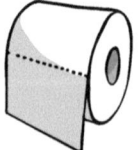

dat Klopapeer

тоалетна хартия

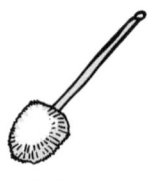

de Kloböst

четка за тоалетна

de Tähnböst

четка за зъби

de Tähnpast

паста за зъби

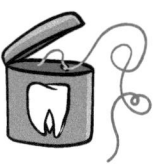

de Tähnsied

конец за зъби

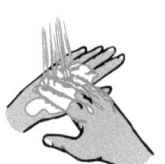

waschen

мия

de Handbruus

ръчен душ

de Intimbruus

интимен душ

de Waschschöttel

леген

de Rüchböst

четка за гръб

de Seep

сапун

dat Bruusgeel

душ гел

dat Hoorwaschmiddel

шампоан за вана

de Waschlappen

гъба за баня

de Afloop

сифон

de Creme

крем

dat Deodorant

дезодорант

de Spegel

огледало

de Kosmetikspegel

козметично огледало

de Raserer

ръчна самобръсначка

de Raseerschuum

пяна за бръснене

dat Raseerwater

одеколон за след
бръснене

de Kamm

гребен

de Böst

четка

de Hoordröger

сешоар

dat Hoorspray

спрей за коса

de Smink

грим

de Lippensticken

червило

de Nagellack

лак за нокти

de Watt

памук

de Nagelscheer

ножица за нокти

dat Rüükwater

парфюм

de Kulturbüdel

тоалетна чантичка

de Schemel

табуретка

de Waag

везна

de Baadmantel

хавлия

de Gummihanschen

домакински ръкавици

de Tampon

тампон

de Damenbinn

дамски превръзки

dat Chemieklo

химическа тоалетна

# de Kinnerstuuv

## детска стая

de Wecker
будилник
dat Knudeldeert
плюшена играчка
dat Speeltüüchauto
автомобил играчка
de Klöter
дрънкалка
dat Poppenhuus
къща за кукли
dat Geschenk
подарък

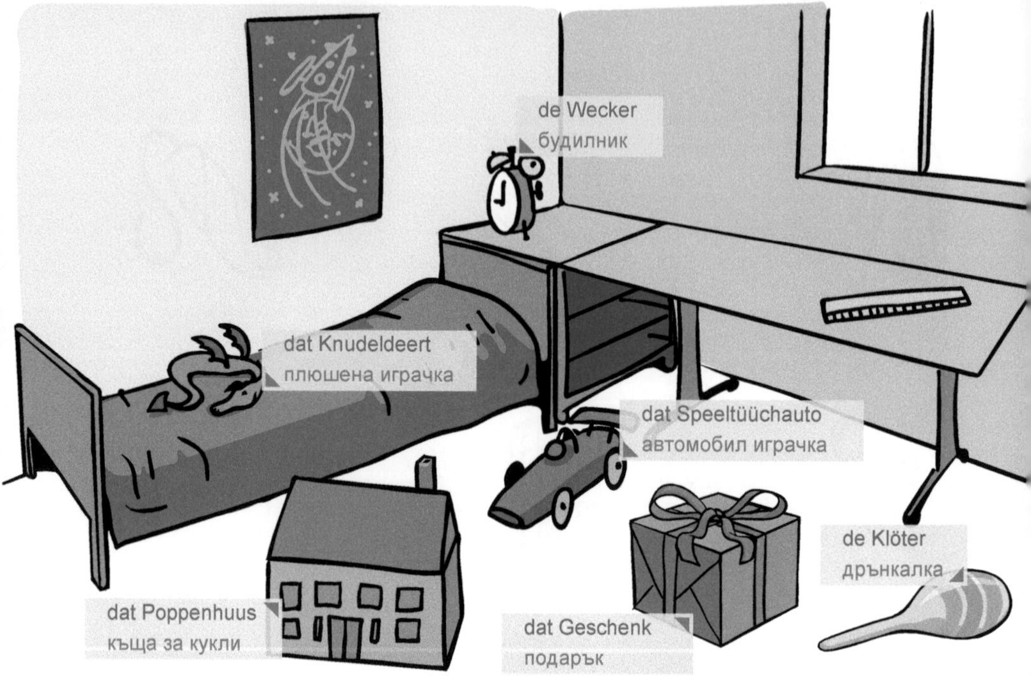

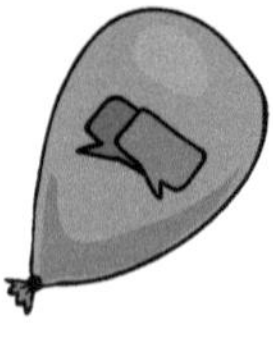

de Luftballon

балон

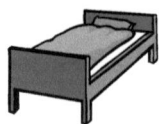

de Puuch

легло

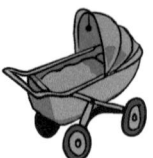

de Kinnerwagen

детска количка

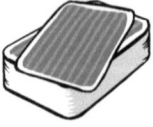

dat Koortenspeel

игра на карти

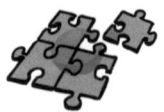

dat Puzzle

пъзел

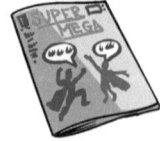

de Billergeschicht

комикс

**de Legostenen**

лего елементи

**de Bustenen**

строителни елементи

**de Action-Figur**

екшън фигурка

**de Strampelantog**

бебешки гащеризон

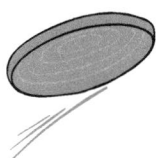

**de Frisbeeschiev**

фрисби

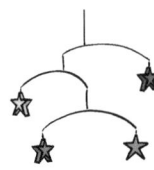

**dat Mobile**

бебешки играчки за легло

**dat Brettspeel**

настолна игра

**de Wörpel**

зарче

**de Modelliesenbahn**

миниатюрно влакче

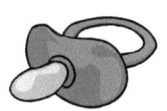

**de Snuller**

биберон

**de Party**

парти

**dat Billerbook**

детска книга с илюстрации

**de Ball**

топка

**de Popp**

кукла

**spelen**

играя

de Sandkassen

пясъчник

de Schuckel

люлка

dat Speeltüüch

играчка

de Speelkonsool

игрова конзола

dat Dreerad

велосипед с три колелета

de Teddyboor

плюшено мече

dat Klederschapp

гардероб

## dat Tüüch

## облекло

de Socken

къси чорапи

de Strümp

дълги чорапи

de Strumpbüx

чорапогащник

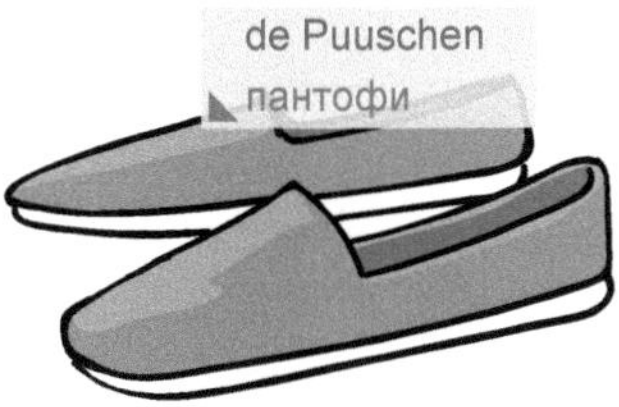

dat Halsdook
шал

de Liefreem
колан

de Paraplü
чадър

dat T-Shirt
Т-шърт

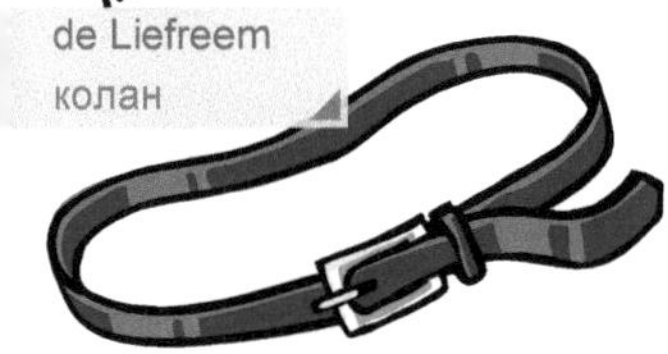

de Turnschoh
гуменки

de Stevel
ботуши

de Puuschen
пантофи

de Sandalen
................
сандали

de Schoh
................
обувки

de Gummistevel
................
гумени ботуши

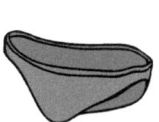

de Ünnerbüx
................
слип

de Bostholler
................
сутиен

dat Ünnerhemd
................
долна блуза

**de Lief**

боди

**de Büx**

панталон

**de Jeansnüx**

дънки

**de Rock**

пола

**de Bluus**

блуза

**dat Hemd**

риза

**de Pullover**

пуловер

**de Kapuzenpullover**

суичър

**de Blazer**

блейзър

**de Jack**

яке

**de Mantel**

палто

**de Övertrecker**

дъждобран

**dat Kostüm**

костюм

**dat Kleed**

рокля

**dat Hochtietskleed**

булчинска рокля

**de Antog**
костюм

**dat Nachtkleed**
нощница

**de Slaapantog**
пижама

**de Sari**
сари

**dat Koppdook**
кърпа за глава

**de Turban**
тюрбан

**de Burka**
бурка

**de Kaftan**
кафтан

**de Abaya**
абая

**de Baadantog**
бански костюм

**de Baadbüx**
плувни шорти

**de Korte Büx**
къс панталон

**de Antog to'n Öven**
анцуг

**de Schört**
престилка

**de Handschoh**
ръкавици

**de Knopp**

копче

**de Brill**

очила

**dat Armband**

гривна

**de Halskeed**

верижка

**de Ring**

пръстен

**de Ohrbummel**

обеца

**de Mütz**

каскет

**de Klederbögel**

закачалка

**de Hoot**

шапка

**de Binner**

вратовръзка

**de Rietslüter**

цип

**de Helm**

каска

**dat Drachtband**

тиранти

**de Schooluniform**

ученическа униформа

**de Uniform**

униформа

de Severböten
.................
лигавник

de Snuller
.................
биберон

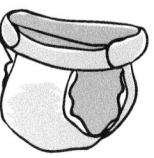

de Winnel
.................
пелена

# dat Büro
# офис

dat Aktenschapp
шкаф за документи

de Server
сървър

de Drucker
принтер

dat Papeer
хартия

de Bildschirm
монитор

de Schrievdisch
бюро

de Muus
мишка

de Orner
папка

dat Knoopboord
клавиатура

de Papeerkorf
кошче за хартиени отпадъци

de Computer
компютър

de Stohl
стол

de Koffiebeker
.................
чаша за кафе

de Taschenreekner
.................
джобен калкулатор

dat Internet
.................
интернет

de Klappreekner

лаптоп

de Breef

писмо

de Naricht

съобщение

de Ackersnacker

мобилен телефон

dat Nettwark

мрежа

de Kopeerapparat

ксерокс

de Software

софтуер

de Klöönkassen

телефон

de Steekdoos

контакт

de Faxapparat

факс

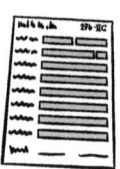

dat Formulor

формуляр

dat Dokument

документ

dat Büro - офис

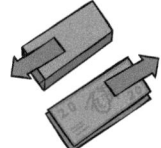

köpen

купувам

betahlen

плащам

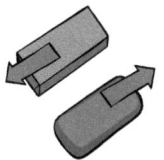

hanneln

търгувам

dat Geld

пари

de Dollar

долар

de Euro

евро

de Yen

йена

de Ruvel

рубла

de Swiezer Franken

швейцарски франк

de Renminbi Yuan

ренминби юан

de Rupie

рупия

de Geldautomat

банкомат

**de Wesselstuuv**

обменно бюро

**dat Gold**

злато

**dat Sülver**

сребро

**dat Ööl**

нефт

**de Energie**

енергия

**de Pries**

цена

**de Verdrag**

договор

**de Stüer**

данък

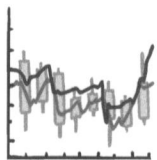

**de Andeelschien**

акция

**arbeiden**

работя

**de Anstellte**

служител

**de Arbeitgever**

работодател

**de Fabrik**

фабрика

**de Hökerie**

магазин за цветя

# de Profeschonen

# професии

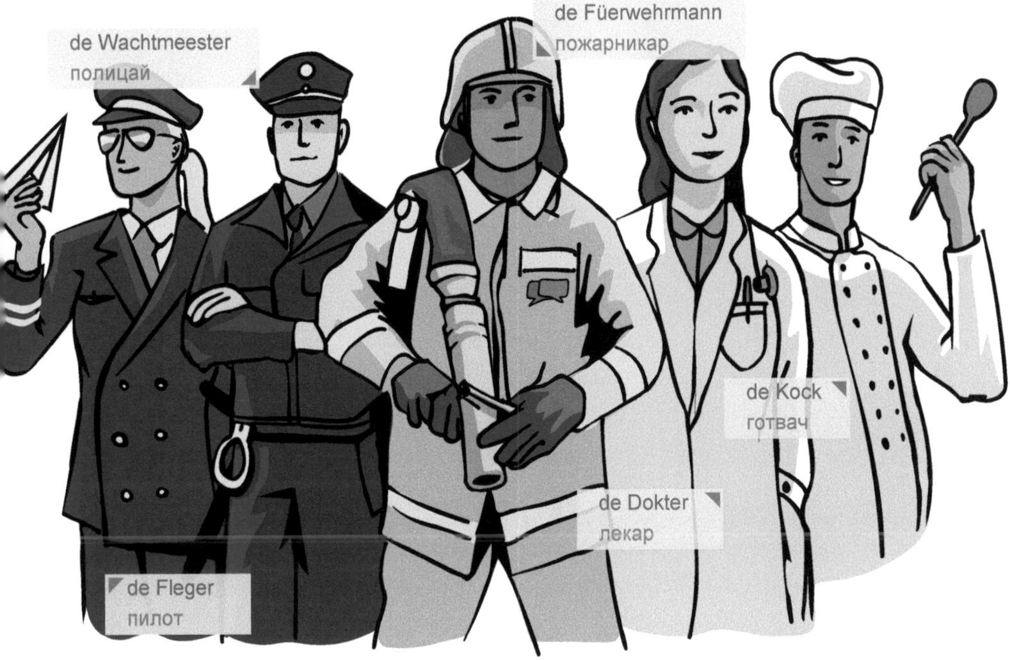
de Wachtmeester
полицай
de Füerwehrmann
пожарникар
de Kock
готвач
de Dokter
лекар
de Fleger
пилот

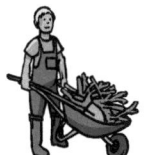

de Goorner

градинар

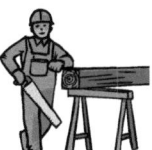

de Discher

мебелист

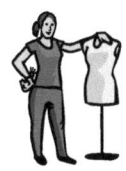

de Neihersche

шивачка

de Richter

съдия

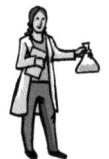

de Chemiker

химик

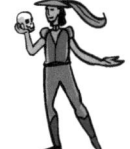

de Schauspeler

артист

**de Busfohrer**

шофьор на автобус

**de Taxifohrer**

шофьор на такси

**de Fischer**

рибар

**de Reinmaakfru**

чистачка

**de Dackdecker**

майстор на покриви

**de Kellner**

келнер

**de Jäger**

ловец

**de Maler**

художник

**de Bäcker**

хлебар

**de Elektriker**

електротехник

**de Buarbeider**

строителен работник

**de Ingenieur**

инженер

**de Slachter**

касапин

**de Klempner**

тенекеджия

**de Postbüdel**

пощальон

**de Suldat**

войник

**de Architekt**

архитект

**de Kasserer**

касиер

**de Florist**

цветар

**de Putzbüdel**

фризьор

**de Schaffner**

кондуктор

**de Mechaniker**

механик

**de Kaptein**

капитан

**de Tähndokter**

зъболекар

**de Wetenschopler**

научен работник

**de Rabbi**

равин

**de Imam**

имàм

**de Mönk**

монах

**de Paap**

свещеник

de Profeschonen - професии

# dat Warktüüch
## инструменти

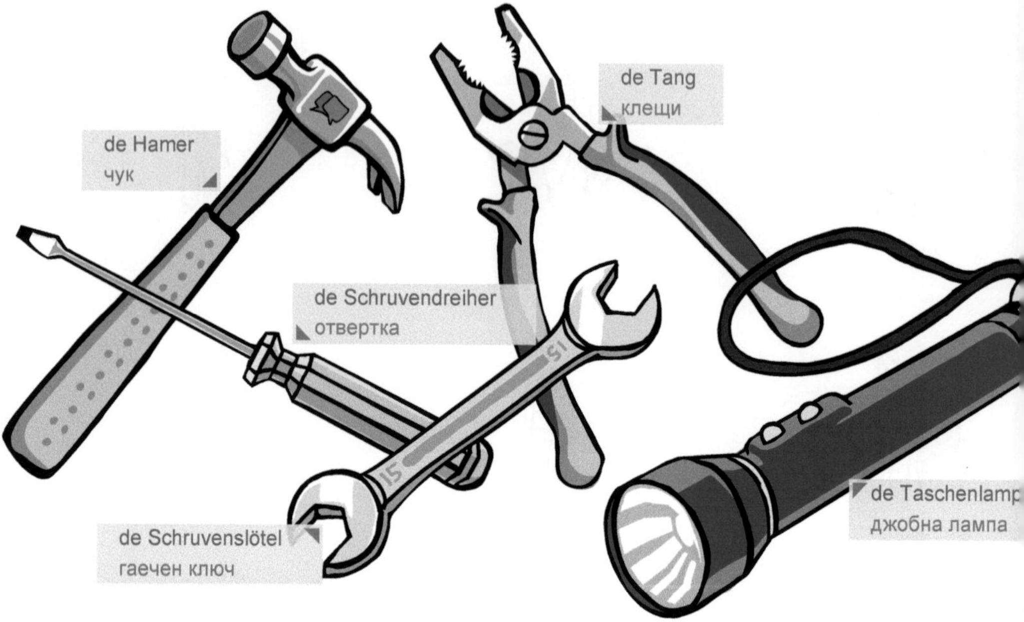

de Tang
клещи
de Hamer
чук
de Schruvendreiher
отвертка
de Taschenlamp
джобна лампа
de Schruvenslötel
гаечен ключ


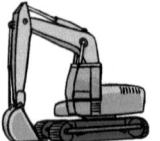

de Grieper

багер

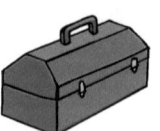

de Warktüüchkassen

кутия за инструменти

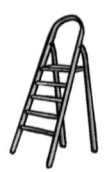

de Ledder

стълба

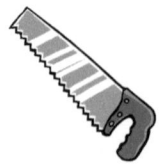

de Saag

трион

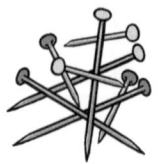

de Nagels

пирони

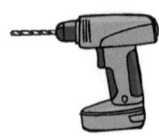

de Bohrer

бормашина

heelmaken

ремонтирам

de Schüffel

лопата

Schiet!

По дяволите!

dat Kehrblick

лопатка за смет

de Farvpott

кутия за боя

de Schruven

болтове

## de Musikinstrumenten
## музикални инструменти

dat Slagtüüch
ударни инструменти

de Luutsnacker
високоговорител

de Rietfiedel
китара

de Bass-Vigelien
контрабас

de Trumpeet
тромпет

**dat Klaveer**

пиано

**de Vigelien**

виолина

**de Bass**

контрабас

**de Pauk**

тимпан

**de Trummeln**

барабан

**dat Keyboard**

електрическо пиано

**dat Saxophon**

саксофон

**de Fleut**

флейта

**dat Mikrofoon**

микрофон

# de Deertenpark

# зоологическа градина

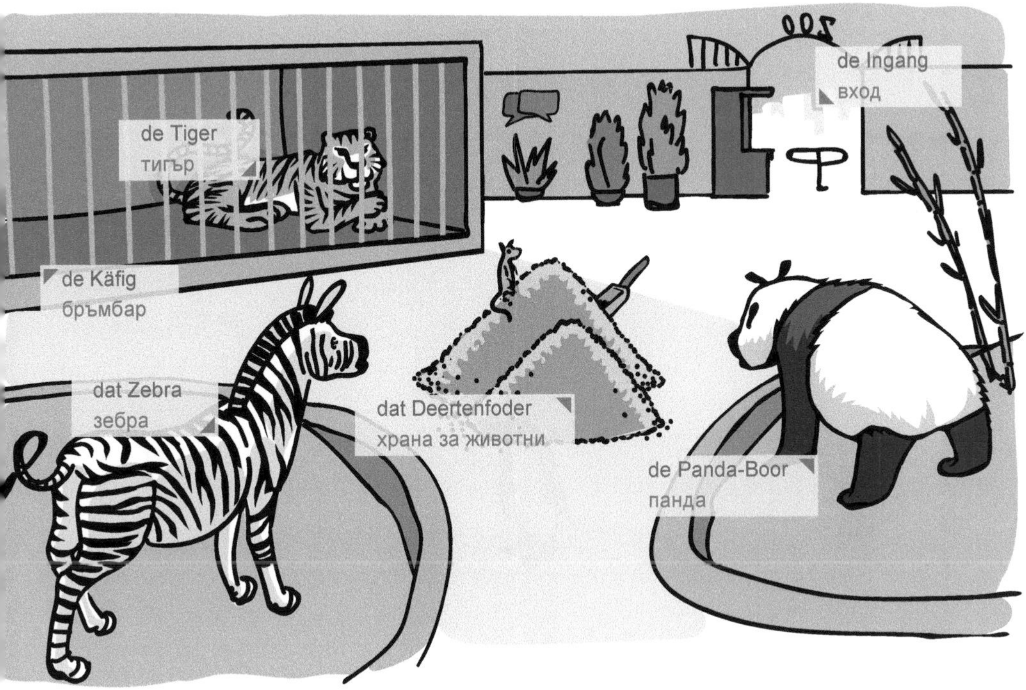

de Ingang
вход
de Tiger
тигър
de Käfig
брълмбар
dat Zebra
зебра
dat Deertenfoder
храна за животни
de Panda-Boor
панда


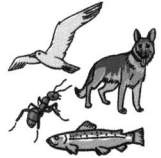

de Deerten

животни

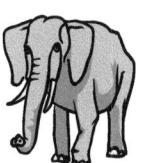

de Elefant

слон

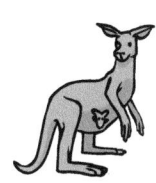

dat Känguru

кенгуру

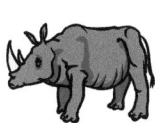

dat Neeshoorn

носорог

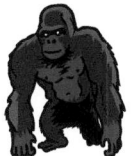

de Gorilla

горила

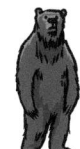

de Boor

мечка

**dat Kameel**

камила

**de Struuß**

щраус

**de Lööv**

лъв

**de Aap**

маймуна

**de Flamingo**

фламинго

**de Papagoi**

папагал

**de Iesboor**

бяла мечка

**de Pinguin**

пингвин

**de Haifisch**

акула

**de Pageluun**

паун

**de Slang**

змия

**dat Krokodil**

крокодил

**de Oppasser in'n
Deertenpark**

пазач в зоологическа
градина

**de Saalhund**

тюлен

**de Jaguor**

ягуар

dat Pony

пони

de Leopard

леопард

dat Nilpeerd

хипопотам

de Giraff

жираф

de Aadler

орел

dat Wildswien

диво прасе

de Fisch

риба

de Schildkrööt

костенурка

dat Walross

морж

de Voss

лисица

de Gazell

газела

de Amerikaansch Football
американски футбол

dat Radfohren
колоездене

dat Tennis
тенис

de Korfball
баскетбол

dat Swümmen
плуване

dat Boxen
бокс

dat Ieshockey
хокей на лед

de Football
................
футбол

dat Fedderball
................
бадминтон

de Leichtathletik
................
лека атлетика

de Handball
................
хандбал

dat Skilopen
................
ски бягане

dat Polo
................
поло

# de Aktivitäten
## дейности

springen
скачам
ümarmen
прегръщам
lachen
смея се
gahn
вървя
singen
пея
drömen
сънувам
beden
моля се
snuteln
целувам


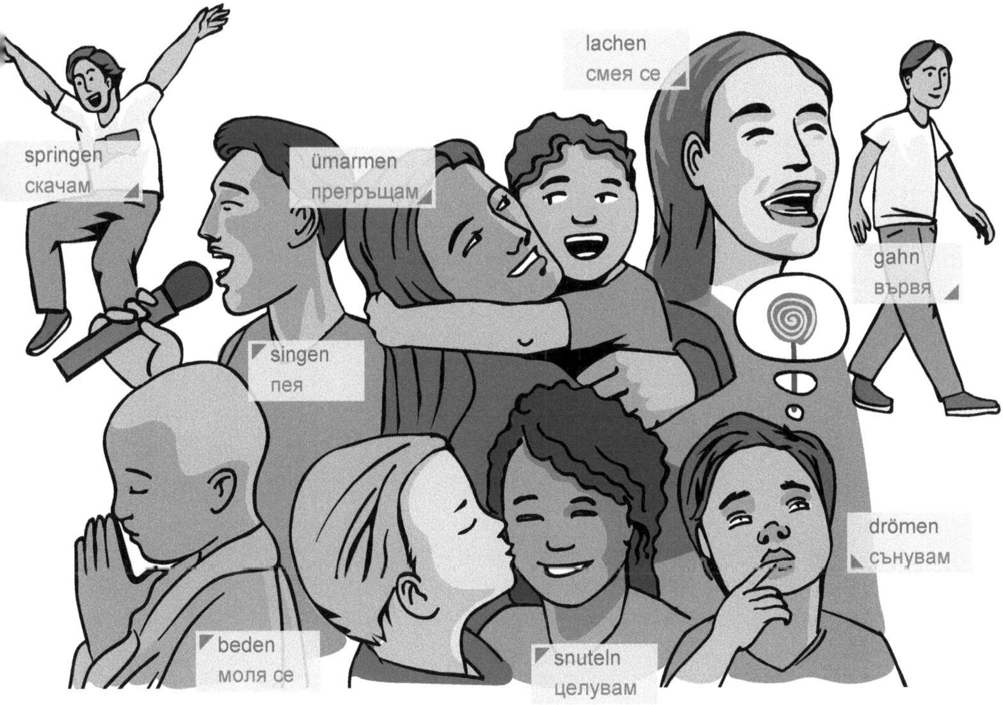

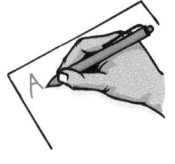

schrieven

пиша

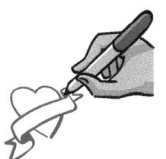

teken

рисувам

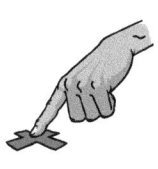

wiesen

показвам

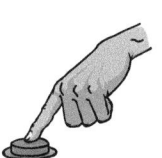

drücken

бутам

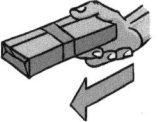

geven

давам

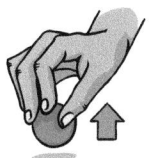

nehmen

взимам

**hebben**

имам

**doon**

правя

**sien**

съм

**stahn**

стоя

**lopen**

тичам

**trecken**

дърпам

**smieten**

хвърлям

**fallen**

падам

**liggen**

лежа

**töven**

чакам

**dregen**

нося

**sitten**

седя

**antrecken**

обличам

**slapen**

спя

**opwaken**

събуждам се

ankieken

разглеждам

wenen

плача

eien

милвам

kämmen

реша се

snacken

говоря

verstahn

разбирам

fragen

питам

hören

слушам

drinken

пия

eten

ям

oprümen

разтребвам

leefhebben

обичам

kaken

готвя

fohren

карам автомобил

flegen

летя

segeln

плавам (с платна)

reken

смятане

lesen

чета

lehren

уча

arbeiden

работя

de Plünnen tohoopsmieten

женя се

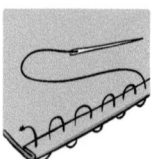

neihen

шия

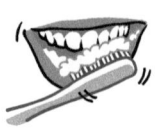

Tähnen putzen

измивам си зъбите

dootmaken

убивам

smöken

пуша

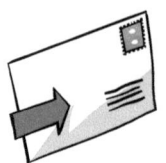

schicken

изпращам

# de Familje
## семейство

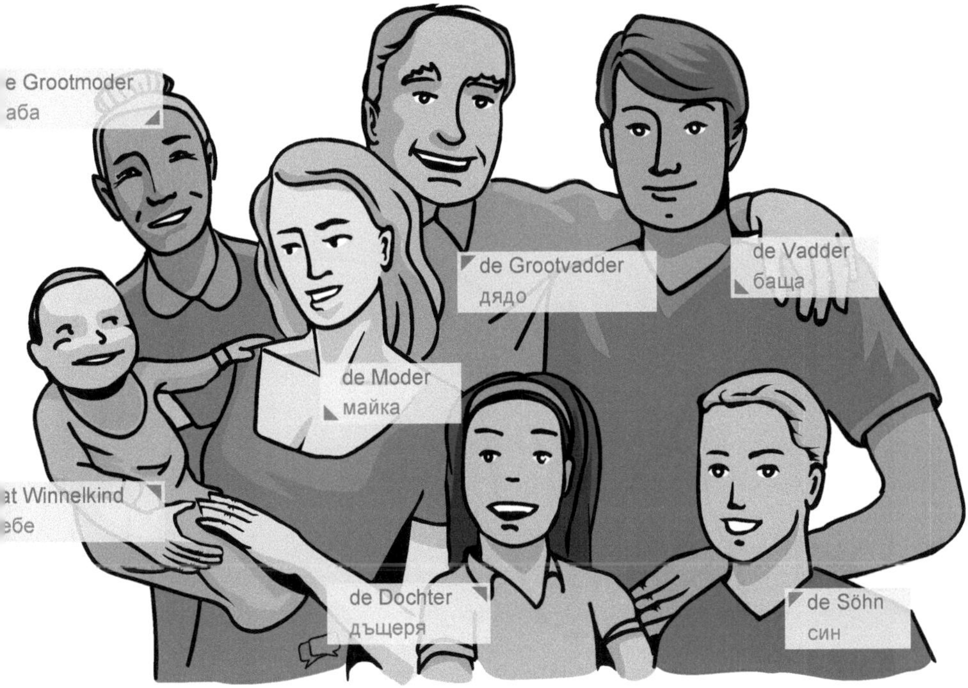
e Grootmoder
аба
de Grootvadder
дядо
de Vadder
баща
de Moder
майка
at Winnelkind
ебе
de Dochter
дъщеря
de Söhn
син

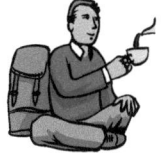

de Gast

посетител

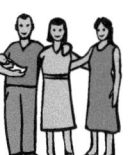

de Tant

леля

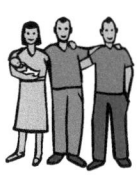

de Unkel

чичо

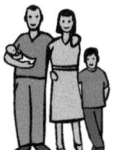

de Broder

брат

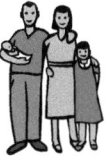

de Süster

сестра

# de Lief

## тяло

de Vörkopp
чело
dat Oog
око
de Schuller
рамо
de Finger
пръст
dat Gesicht
лице
dat Kinn
брадичка
de Hand
ръка
dat Been
крак
de Bost
гърди
de Arm
ръка


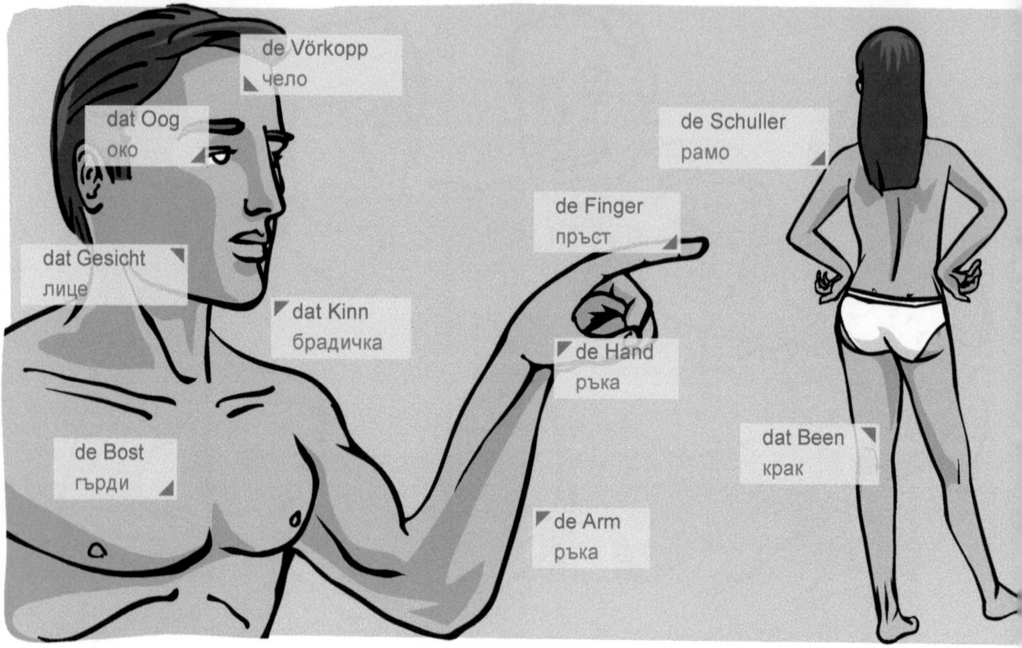

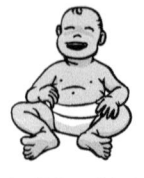

dat Winnelkind

бебе

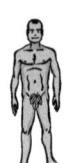

de Mann

мъж

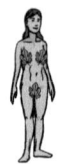

de Fro

жена

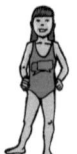

de Deern

момиче

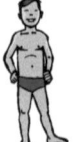

de Jung

момче

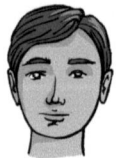

de Arm

глава

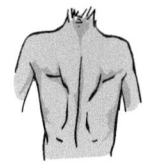

**de Rüch**

гръб

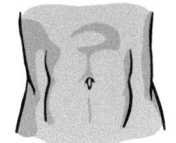

**de Buuk**

корем

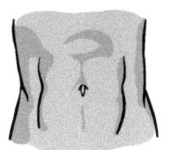

**de Navel**

пъп

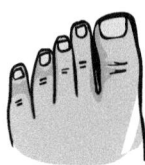

**de Teh**

пръст на крака

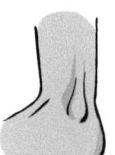

**de Hack**

пета

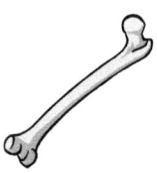

**de Knaken**

кост

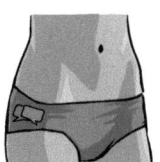

**de Hüft**

хълбок

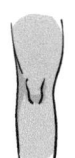

**dat Knee**

коляно

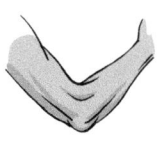

**de Ellbagen**

лакът

**de Nees**

нос

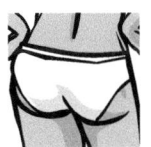

**de Achtersen**

седалище

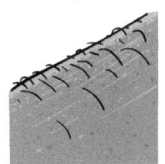

**de Huut**

кожа

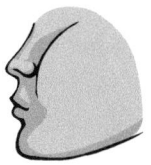

**de Back**

буза

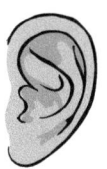

**dat Ohr**

ухо

**de Lipp**

устна

**de Mund**

уста

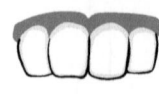

**de Tähn**

зъб

**de Tung**

език

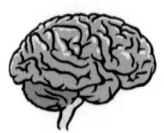

**de Bregen**

мозък

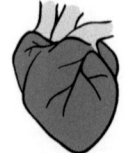

**dat Hart**

сърце

**de Muskel**

мускул

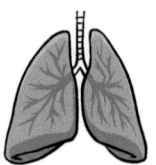

**de Lung**

бял дроб

**de Lever**

черен дроб

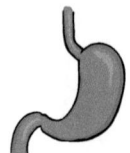

**de Maag**

стомах

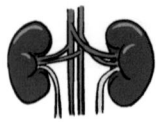

**de Neren**

бъбреци

**de Bislaap**

полово сношение

**dat Kondoom**

кондом

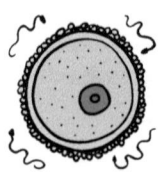

**de Eizell**

яйцеклетка

**dat Sperma**

сперма

**de Anner Ümstänn**

бременност

de Lief - тяло

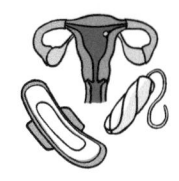

de Menstruatschoon
....................
менструация

de Scheed
....................
вагина

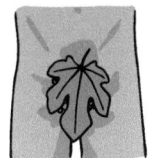

de Pint
....................
пенис

de Ogenbroe
....................
вежда

dat Hoor
....................
коса

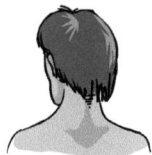

de Hals
....................
шия

# dat Krankenhuus
## болница

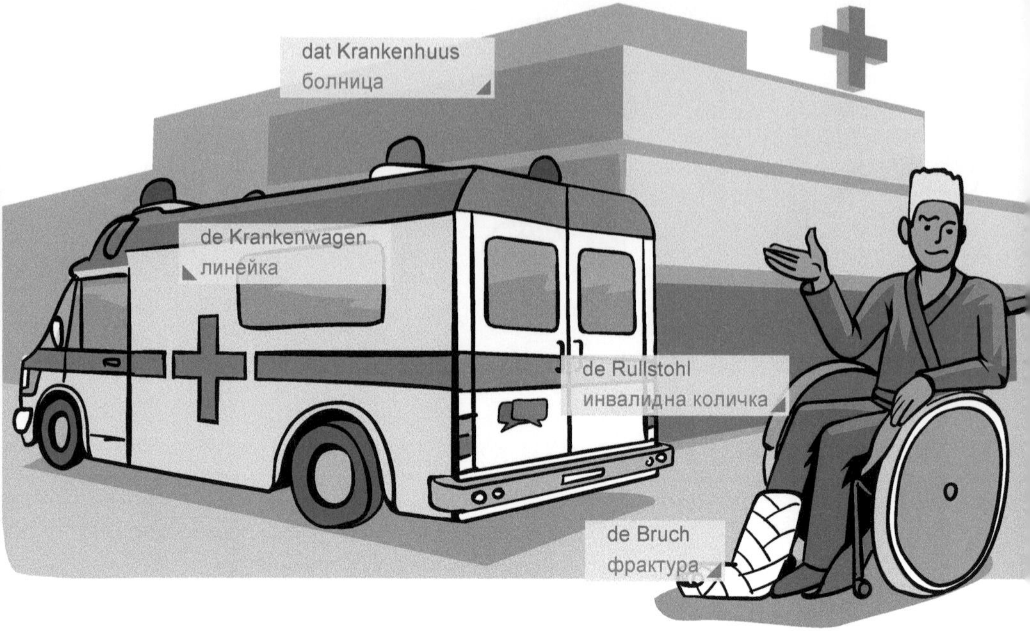

dat Krankenhuus
болница
de Krankenwagen
линейка
de Rullstohl
инвалидна количка
de Bruch
фрактура

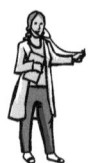

de Dokter

лекар

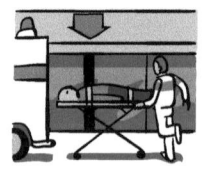

de Nootopnahm

спешна хоспитализация

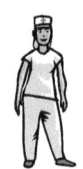

de Krankensüster

медицинска сестра

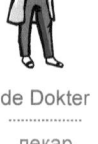

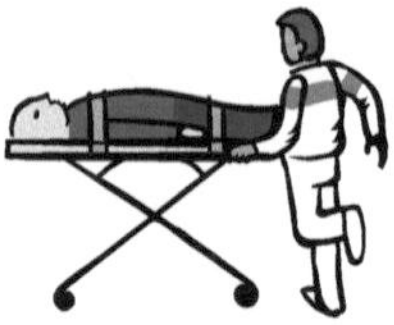

de Nootfall

спешен случай

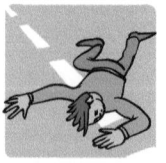

ahnmächtig

в безсъзнание

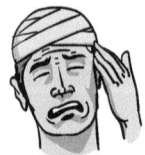

de Wehdaag

болка

de Verwunnen

нараняване

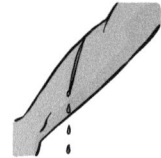

de Blöden

кървене

de Hartinfarkt

инфаркт

de Slaganfall

инсулт

de Allergie

алергия

de Hoosten

кашлица

dat Fever

температура

de Gripp

грип

de Dörchfall

диария

de Koppwehdaag

главоболие

de Kreeft

рак

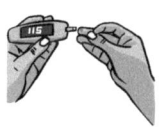

de Zuckersüük

диабет

de Chirurg

хирург

dat Chirurgsch Mess

скалпел

de Operatschoon

операция

**dat CT**

компютърна томография

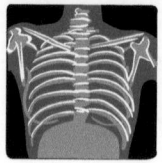

**de Dörchlüchten**

рентген

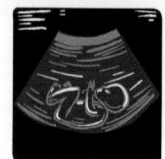

**de Ultraschall**

ултразвук

**de Mask**

маска

**de Krankheit**

болест

**de Töövruum**

чакалня

**de Krück**

патерица

**dat Plaaster**

пластир

**de Verband**

превръзка

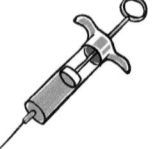

**de Insprütten**

инжекция

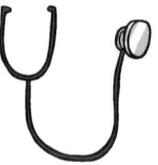

**dat Stethoskop**

стетоскоп

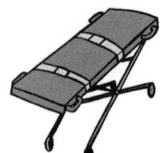

**de Draag**

носилка

**dat Feverthermometer**

термометър

**de Geboort**

раждане

**dat Övergewicht**

наднормено тегло

de Höörapparat

слухов апарат

dat Kiemfriemiddel

дезинфекционно средство

de Ansteken

инфекция

de Virus

вирус

dat HIV / AIDS

HIV / AIDS

dat Heelmiddel

медицина

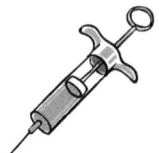

de Impen

ваксинация

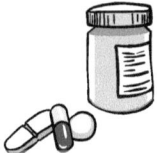

de Tabletten

таблети

de Pill

противозачатъчна
таблетка

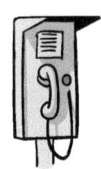

de Nootroop

спешно телефонно
обаждане

de Blootdruck-Meter

апарат за измерване на
кръвното налягане

krank / gesund

болен / здрав

Hölp!

Помощ!

de Alarm

сигнал за тревога

de Överfall

нападение

de Angreep

атака

de Gefohr

опасност

de Nootutgang

аварийен изход

dat Füer!

Пожар!

de Füerlöscher

пожарогасител

de Unfall

злополука

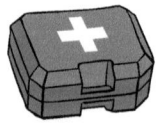

de Noothölpkoffer

комплект за оказване на
първа помощ

SOS

SOS

de Polizei

полиция

Europa

Европа

Noordamerika

Северна Америка

Süüdamerika

Южна Америка

Afrika

Африка

Asien

Азия

Australien

Австралия

de Atlantik

Атлантически океан

de Pazifik

Тихи океан

dat Indisch Weltmeer

Индийски океан

dat Antarktisch Weltmeer

Южен ледовит океан

dat Arktisch Weltmeer

Северен ледовит океан

de Noordpol

Северен полюс

de Süüdpol

Южен полюс

de Antarktis

Антарктида

de Eerd

Земя

dat Land

суша

de See

море

dat Eiland

остров

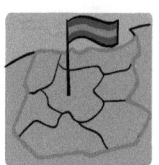

de Natschoon

нация

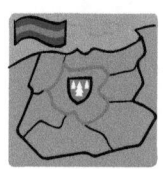

de Staat

държава

dat Tallenblatt

циферблат

de Stunnenwieser

стрелка на часовете

de Minutenwieser

стрелка на минутите

de Sekunnenwieser

стрелка на секундите

Wo laat is dat?

Колко е часът?

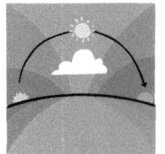

de Dag

ден

de Tiet

време

nu

сега

de digetaalsch Klock

дигитален часовник

de Minuut

минута

de Stunn

час

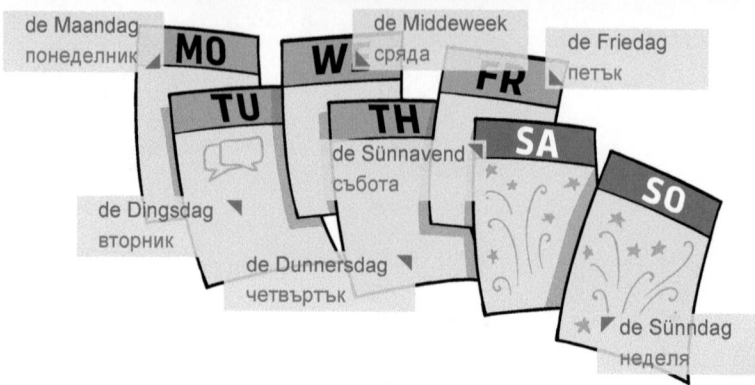

de Maandag
понеделник

de Middeweek
сряда

de Friedag
петък

de Dingsdag
вторник

de Dunnersdag
четвъртък

de Sünnavend
събота

de Sünndag
неделя

güstern

вчера

hüüt

днес

morgen

утре

de Morgen

сутрин

de Meddag

обед

de Avend

вечер

de Arbeitsdaag

работни дни

dat Wekenenn

уикенд

# dat Johr

# година

de Regen
дъжд
de Regenbagen
дъга
de Snee
сняг
de Wind
вятър
dat Fröhjohr
пролет
de Harvst
есен
de Sommer
лято
de Winter
зима


4.APRIL 11°
5.APRIL 4°
6.APRIL 13°
7.APRIL 8°
8.APRIL 10°


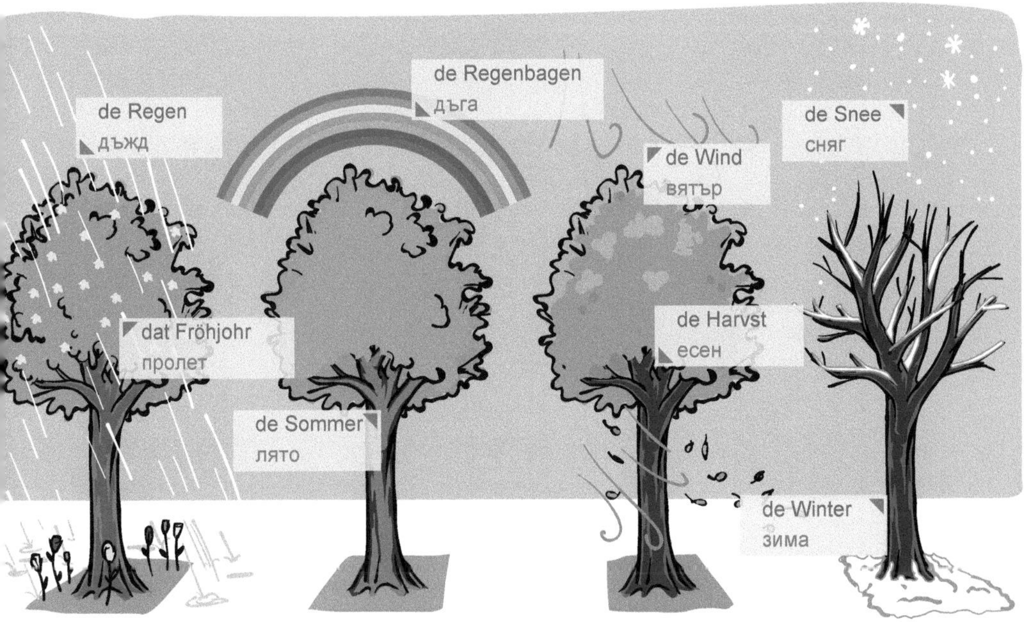

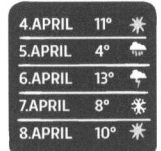

de Wedervörhersaag

прогноза за времето

F C
120 90 60 30 0 -30
40 30 20 10 0 -10 -20


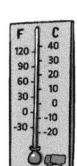

dat Thermometer

термометър

de Sünnenschien

слънчева светлина

de Wulk

облак

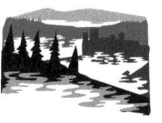

de Nevel

мъгла

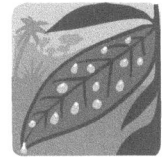

de Luftfuchtigkeit

влажност на въздуха

de Blitz

светкавица

de Dunner

гръмотевица

de Storm

буря

de Hagel

градушка

de Monsun

мусон

de Floot

наводнение

dat Ies

лед

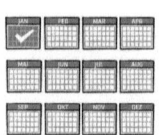

de Januormaand

януари

de Februormaand

февруари

de Martmaand

март

de Aprilmaand

април

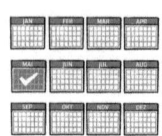

de Maimaand

май

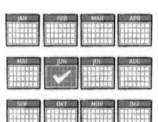

de Junimaand

юни

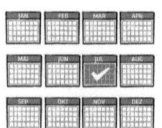

de Julimaand

юли

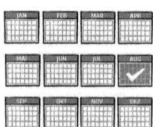

de Augustmaand

август

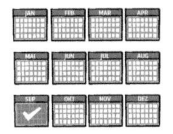

de Septembermaand

септември

de Oktobermaand

октомври

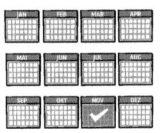

de Novembermaand

ноември

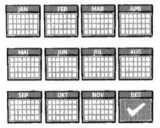

de Dezembermaand

декември

# de Formen
## форми

de Krink

кръг

dat Quadrat

квадрат

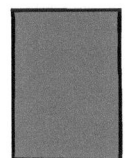

dat Rechteck

четириъгълник

dat Dreeeck

триъгълник

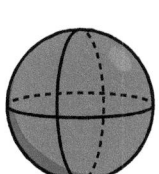

de Kugel

сфера

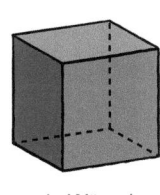

de Wörpel

куб

witt

бял

geel

жълт

orangsch

оранжев

pink

розов

root

червен

lila

лилав

blau

син

gröön

зелен

bruun

кафяв

gries

сив

swart

черен

veel / wenig

много / малко

böös / verdreeglich

ядосан / спокоен

smuck / mies

красив / грозен

de Begünn / dat Enn

начало / край

groot / lütt

голям / малък

hell / düüster

светъл / тъмен

de Broder / de Süster

брат / сестра

schier / schietig

чист / мръсен

kumpleet / nich kumpleet

пълен / непълен

de Dag / de Nacht

ден / нощ

doot / lebennig

мъртъв / жив

breet / small

широк / тесен

geneetbor / nich geneetbor
..................
ядлив / неядлив

böös / fründlich
..................
сърдит / любезен

fickerig / langwielt
..................
развълнуван / скучаещ

dick / dünn
..................
дебел / тънък

toeerst / toletzt
..................
най-напред / най-накрая

de Fründ / de Fiend
..................
приятел / враг

vull / leddig
..................
пълен / празен

hart / week
..................
твърд / мек

swoor / licht
..................
тежък / лек

de Smacht / de Döst
..................
глад / жажда

krank / gesund
..................
болен / здрав

nich na't Recht / na't Recht
..................
нелегален / легален

klook / dummerhaftig
..................
интелигентен / глупав

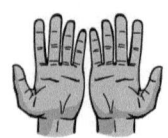

linkerhand / rechterhand
..................
ляво / дясно

neeg / feern
..................
близо / далече

nieg / bruukt

нов / употребяван

nix / wat

нищо / нещо

oolt / jung

стар / млад

an / ut

вкл. / изкл.

apen / slaten

отворен / затворен

lies / luut

тих / силен (звук)

riek / arm

богат / беден

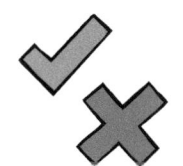

richtig / verkehrt

правилен / погрешен

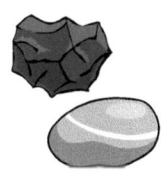

ruug / glatt

грапав / гладък

trurig / glücklich

тъжен / щастлив

kort / lang

дълъг / къс

suutje / flink

бавен / бърз

natt / dröög

мокър / сух

warm / köhl

топъл / студен

de Krieg / de Freden

война / мир

**0**

null

нула

**1**

een

едно

**2**

twee

две

**3**

dree

три

**4**

veer

четири

**5**

fief

пет

**6**

söss

шест

**7**

söven

седем

**8**

acht

осем

**9**

negen

девет

**10**

teihn

десет

**11**

ölven

единадесет

| **12** | **13** | **14** |
|:---:|:---:|:---:|
| twölf | dörteihn | veerteihn |
| дванадесет | тринадесет | четиринадесет |

| **15** | **16** | **17** |
|:---:|:---:|:---:|
| föffteihn | sössteihn | söventeihn |
| петнадесет | шестнадесет | седемнадесет |

| **18** | **19** | **20** |
|:---:|:---:|:---:|
| achtteihn | negenteihn | twintig |
| осемнадесет | деветнадесет | двадесет |

| **100** | **1.000** | **1.000.000** |
|:---:|:---:|:---:|
| hunnert | dusend | million |
| сто | хиляда | милион |

dat Engelsch

английски

dat Amerikaansch Engelsch

американски английски

dat Chineesch Mandarin

китайски мандарин

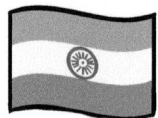

dat Hindi

хинди

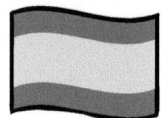

dat Spaansch

испански

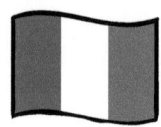

dat Franzöösch

френски

dat Araabsch

арабски

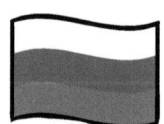

dat Rusch

руски

dat Portugiesch

португалски

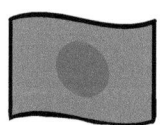

dat Bengaalsch

бенгалски

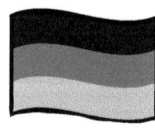

dat Düütsch

немски

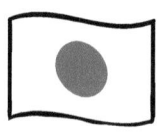

dat Japaansch

японски

ik

аз

du

ти

he / se / dat

той / тя / то

wi

ние

ji

вие

se

те

keen?

кой?

wat?

какво?

woans?

как?

woneem?

къде?

wannehr?

кога?

de Naam

име

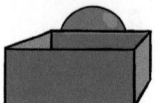

achter

зад

in

в

vör

пред

över

над

op

върху

ünner

под

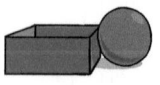

blangen

до

twüschen

между

de Oort

място